Robert Pap

Feng-Shui-Gärten
schön gestalten

KOSMOS

Steine haben beruhigende Wirkung und stärken den Erdcharakter eines Gartens.

Pflanzen mit spitzen Blättern beschleunigen einen Gartenbereich und bringen Esprit.

Inhalt

Die Gestaltung im Feng-Shui-Garten

Feng Shui ist die jahrtausendealte Weisheit vom gesunden Wohnen und Arbeiten. Räume und Gärten, die nach dem Feng-Shui-Prinzip geplant werden, beziehen immer die Besitzer und ihre aktuellen Lebensthemen mit in die Gestaltung ein und bieten so die Möglichkeit zur persönlichen Reflexion und Weiterentwicklung.

Purpursonnenhut *(Echinacea purpurea)* wirkt im Garten vitalisierend.

Der Garten wird als Spiegel der Menschen gesehen, die sich darin aufhalten. Werden diese Spiegelbilder verändert, verändert sich auch die Wahrnehmung der Bewohner und somit ihr Inneres. Mit der Möglichkeit, eine harmonisierte klare Umgebung zu schaffen, entsteht eine große Chance, das eigene Potenzial besser zu leben.

Das klassische Symbol der Sonne: die Sonnenblumenblüte

Schönheit ist ein relativer Begriff, der für jeden Menschen anders ist.

DER KLEINE UNTERSCHIED

„Nicht das Schönste auf der Welt soll mir am besten gefallen, sondern was mir am besten gefällt, sei mir das Schönste von Allen."

Friedrich Rückert

Was unterscheidet eigentlich einen Feng-Shui-Garten von einem anderen Garten? Gleich vorweg kann ich sagen, dass es sicher nicht der Stil ist.
Ein Feng-Shui-Garten muss nicht wie ein chinesischer Garten aussehen. Ein Feng-Shui-Garten zeichnet sich dadurch aus, dass in abwechslungsreicher Gestaltung alle fünf Sinne angesprochen werden und man sich darin einfach wohl fühlt.

Die Lehre des Feng Shui geht überdies davon aus, dass der Garten ein lebendiger Organismus ist, der das Leben seiner Bewohner repräsentiert. Das Prinzip eines Feng-Shui-Gartens beruht auf der Aufteilung des Gartens in neun gedachte Felder, die für unterschiedliche Lebensthemen stehen. Feng Shui stellt die Verbindung zwischen einem Lebensthema und dem Garten her. Eine Veränderung im Garten kann eine Veränderung im Leben bewirken. Die Veränderungen sind dabei in erster Linie nicht dekorativ, sondern werden gezielt eingesetzt, um das Unbewusste des Menschen auf ein Ziel hin zu stimulieren. Vielleicht ist das ein etwas ungewöhnlicher Gedankengang, doch wenn Sie sich darauf einlassen, wird sich Ihr Leben in vielerlei Hinsicht bewegen. Entdecken Sie die Welt des Feng Shui und Ihren Garten auf ganz neue Weise!

Ein Feng-Shui-Garten muss vom Stil her nicht asiatisch aussehen.

Ihre Pflanzen lieben es, wenn Sie mit Ihnen kommunizieren – verbal oder nonverbal.

DIE BEDÜRFNISSE EINES FENG-SHUI-GARTENS

Ihr Garten hat einen Wunsch. Er will Sie mit seiner Schönheit und Symbolik unterstützen. Das kann er natürlich nur, indem Sie ihm dabei helfen! Wie? Das geht ganz einfach. Erfüllen Sie seine Bedürfnisse.

Das Leben respektieren

Ihr Garten ist ein Lebewesen und Sie können mit ihm sprechen. Die Zwiesprache zwischen Mensch und Pflanze ist in einigen Versuchen wissenschaftlich getestet worden und wirkt sich förderlich auf das Pflanzenwachstum aus. Wenn Sie einen Baum oder einen Strauch fällen oder auch nur schneiden wollen, dann teilen Sie ihm das doch einfach einen Tag zuvor schon mit. Dadurch können sich die Pflanzen darauf einstellen.

Den Eingang des Gartens beachten

Der Eingang eines Gartens oder eines Hauses entspricht der Nahrungsquelle. Daher ist es optimal, wenn dieser Bereich frei zugänglich, hell und freundlich gestaltet ist. Je klarer und offener ein Eingang, desto besser geht es den Bewohnern dahinter.
Blühende Pflanzen in blauen Farbtönen sind besonders geeignet, um den Ch'i-Fluss zu aktivieren. Ch'i ist eine Kraft, die langsam durch den Garten fließt und die einzelnen Bereiche belebt. Sprudelndes Wasser eignet sich ebenfalls hervorragend, um die Versorgung mit Ch'i zu optimieren und auch um die finanzielle Situation zu verbessern.

Im Eingangsbereich sollte etwas mehr Platz vorhanden sein.

Ein großer Strauch im hinteren Bereich des Gartens symbolisiert den Rückenteil.

Der Garten liebt organische Formen und Wege

Mit organischen Formen sind jene gemeint, die ohne menschliches Zutun in der Natur vorkommen.
Vermeiden Sie scharfkantige und spitze Gegenstände im Garten, da diese auf den Menschen eine beunruhigende Wirkung ausüben. Ähnlich ist es mit einer allzu geraden Wegführung. Diese beschleunigt den Ch'i-Fluss derart, dass der Garten ungemütlich wird. Je geschwungener hingegen die Wege sind, desto besser, da Ch'i nur auf organischen Wegen fließen kann.
Haben Sie einen geraden Weg direkt auf Ihren Haupteingang zulaufen, so können Sie hier Polsterpflanzen links und rechts immer abwechselnd setzen, damit ein geschwungener Eindruck entsteht. Statt Pflanzen können es auch einige Gartenlampen sein, die dem Weg einen geschwungenen Charakter geben.

Der Garten will sich anlehnen können

Stellen Sie sich vor, Sie stehen gerade vor einer schweren Entscheidung in Ihrem Leben. Es ist ein großer Unterschied, ob Sie dabei von einem Partner oder Ihren Eltern unterstützt werden oder ob Sie diese Entscheidung ganz alleine treffen müssen. Immer, wenn jemand Sie unterstützen kann und hinter Ihnen steht, dann werden Sie Sicherheit und Geborgenheit empfinden, weil Sie sich symbolisch anlehnen können.
Ein Garten kann auch eine solche Stütze sein, an die Sie sich in schwierigen Zeiten anlehnen können.

Bei einem sehr steilen Gelände entspricht oft der höchste Teil des Gartens der Lehne. Im flachen Gelände ist es meist jener Teil des Gartens, der am weitesten vom Eingang entfernt ist. Wollen Sie in Ihrem Garten diese Eigenschaft unterstützen, ist es vorteilhaft, wenn Sie im hinteren Teil, also bei der Lehne, höhere Bäume setzen als im Rest des Gartens. Mit schweren Steinen in der Größe eines Tisches können Sie symbolisch eine Lehne darstellen. Um die Lehne zu stärken, ist es auch möglich, einige große Sträucher zu pflanzen und diese mit immergrünen Pflanzen zu mischen. Damit wird der Rücken klar definiert. Die Lehne gibt ein Gefühl der Geborgenheit und Sicherheit.

Der Garten will einen schönen Ausblick haben

Aus der Lehne heraus will der Garten schauen; optimalerweise auf eine entfernt gelegene Wasserfläche. Wasser als Symbol des Lebens und der freie Blick sind Anziehungspunkte für Ch'i und wirken positiv auf Ihre Zukunft. Wenn Sie keinen See in der Nähe haben, ist zumindest die Aussicht in die freie Landschaft ein gewisser Ersatz. Ist diese auch nicht vorhanden, so können Sie mit einer kleinen Wasserfläche den Blick symbolisch darstellen. Dafür reicht auch ein in die Erde eingelassener Wasserbottich. Füllen Sie ihn mit weißem Kies und lassen Sie das Wasser leise glucksend darüber fließen.
Eine andere Möglichkeit, den Blick des Gartens zu stärken, besteht darin, auffällige Blüten in den Farben Rot, Gelb und Orange zu pflanzen. Am besten eignen sich mehrjährige Stauden. Sie können aber auch Gartenaccessoires in diesen Farben verwenden.

Eine kleine Wasserfläche kann symbolisch den freien Blick darstellen und die Zufriedenheit fördern.

Bei einem sehr steilen Garten ist der höhere Teil immer der Rücken.

Mit Accessoires und Pflanzen wird ein gerader Weg zu einem geschwungenen.

Der freie Blick ist förderlich für die Zufriedenheit im Leben.

Den Garten vielfältig gestalten

Nicht blühende und monotone Gärten widersprechen dem Prinzip der Vielfalt in einem Feng-Shui-Garten. Die Vielfalt drückt sich zuerst in der Wahl der Pflanzen aus. Achten Sie auf das Verhältnis zwischen immergrünen und Laub abwerfenden Sträuchern. Die Erstgenannten sollten nie im Übermaß vorhanden sein. Sie sollten aber auch nicht ganz fehlen, da sonst die Langlebigkeit der Menschen darunter leidet. Kiefer und Bambus sind die idealen immergrünen Begleiter im Feng-Shui-Garten.
Wichtig ist es auch, immer etwa gleich viele Sträucher wie mehrjährige Stauden im Garten zu haben.

Alle Dinge im Garten wollen funktionieren, so auch ein Gartentor.

Gartenkunst eignet sich hervorragend, um Ihrem Garten die persönliche Note zu geben.

Der Garten will eine persönliche Note

Wenn sich unser Auge an etwas Schönem freuen kann, wenn ein Blickfang entsteht, dann erhält dieser Ort mehr Aufmerksamkeit. Accessoires sind das i-Tüpfelchen einer Gartengestaltung. Ob es nun einfache Rosenkugeln sind oder aufwendig gestaltete Kunstwerke aus den unterschiedlichsten Materialien – sie alle haben im Garten-Feng-Shui die Aufgabe, den jeweiligen Platz zu beleben. Organisch geformte Kunstgegenstände und Blüten sowie Licht und Wasser erhöhen den Ch'i-Fluss. Wo nichts passiert im Garten oder wo es unaufgeräumt ist, da stagniert das Ch'i.

Alle Dinge im Garten wollen funktionieren

Haben Sie manchmal einen Gedanken im Kopf, der lautet: „Ach, das muss ich noch reparieren, das muss ich noch verändern, weil es noch nicht funktioniert!"? Provisorien sind Dinge, die anfangs stören, dann aber nicht mehr bemerkt werden. Die Baulampe über dem Eingang, die quietschende Gartentür, der undichte Wasserschlauch und vieles mehr.
Jeder Gedanke an diese Provisorien kostet Sie Kraft. Daher ist es vorteilhaft, sich eine Liste zu machen von den Dingen, die verändert werden sollen. Am besten wird diese Liste nach der Dringlichkeit durchnummeriert, damit Sie die Dinge in Ruhe abarbeiten können. Versuchen Sie, Ihren Garten in allen Bereichen in Schuss zu halten, und befreien Sie ihn von Gerümpel und Abfall.

Feng-Shui-Gärten brauchen Wasser

Wasser ist aus einem Feng-Shui-Garten fast nicht wegzudenken. Im Feng Shui besteht ein großer Unterschied zwischen fließendem und stehendem Wasser. Ein Bachlauf oder ein Quellstein, bei dem das Wasser gluckst und gurgelt, ist ein aktivierender und anregender Impuls im Garten. Ein kleiner Bottich mit Wasser oder ein Schwimmteich haben sammelnden Charakter. Vergleichbar ist die unterschiedliche Wirkung der beiden Gewässerformen mit einer anregenden Party bzw. einem regenerierenden und erholsamen Spaziergang im Wald.

Wasser ist aus einem Feng-Shui-Garten fast nicht wegzudenken.

Der Phantasie sind beim Gestalten mit Wasser keine Grenzen gesetzt.

Eine Blumenwiese kann über 100 Jahre alt werden, da sie sich immer wieder selbst neu aussät.

GESTALTUNGSTIPP QUELLSTEIN

Voraussetzung: Stromanschluss außen.
Heben Sie ein Loch im Vorgarten aus und legen Sie es mit Folie aus. Bringen Sie auf dem Grund des Loches eine Tauchpumpe an. Stellen Sie Schalsteine um die Pumpe und legen Sie ein Drahtgitter darüber, sodass dieses etwas unterhalb des Bodenniveaus zu liegen kommt. Stellen Sie auf das Gitter einen durchbohrten Quellstein und führen Sie den Schlauch der Pumpe durch den Stein. Um den Quellstein herum legen Sie faustgroße Steine, bis das Gitter bedeckt ist. Füllen Sie das Loch mit Wasser und schließen Sie die Pumpe an.
Pflege: In regelmäßigen Abständen Pumpenfilter reinigen. Bei sehr heißem Wetter Wasser nachfüllen.

Wenn Sie beabsichtigen, einen Schwimmteich oder einen Swimmingpool im Garten zu bauen, wählen Sie immer eine runde, nieren- oder tropfenförmige Form. Rechteckige Formen stellen im Feng Shui das Erd-Element dar, das sich hier mit dem Wasser nicht verträgt. Die Kombination von fließendem und stehendem Wasser ist optimal. Vor allem im Vorgarten eignet sich ein Quellstein für die optimale Versorgung des Hauses mit dem lebensnotwendigen Ch'i.

Die Umsetzung eines sprudelnden Quellsteins ist gar nicht so schwierig.

Welche Arten einer Aussaat wirklich wachsen, hängt vom Standort, vom Boden und vom Niederschlag ab.

Die Natur im Garten will respektiert werden

Geben Sie ca. 5 bis 10 % der Gesamtfläche Ihres Gartens der Natur zurück. Mähen Sie das Gras dort nur zweimal pro Jahr. Legen Sie einen Asthaufen an und mischen Sie diesen mit Blattwerk und Grasschnitt, damit sich Igel und andere nützliche Kleintiere darin im Winter verstecken können. Pflanzen Sie vor allem in diesem Naturbereich auch einheimische Blütensträucher, damit auch die Insekten und Vögel etwas davon haben.
Wenn Sie das nächste Mal Ihre Hecken schneiden, dann versuchen Sie doch einmal etwas mehr Natürlichkeit zuzulassen.
Günstig ist es auch, einen Teil des Rasens schrittweise in eine Blumenwiese umzuwandeln. Dabei sollten Sie folgende Dinge beachten: Setzen Sie unterschiedliche Wildblumen direkt in den Rasen. Diese gibt es bereits vorgezogen zu kaufen. Verzichten Sie in Zukunft in diesem Bereich völlig auf das Düngen, damit die Wiese magerer wird. Nach einiger Zeit stellt sich eine abwechslungsreiche Blütenpracht ein. Sanfte, geschwungene Linien als Übergang zum Rasen fördern den Ch'i-Fluss im Garten. Die Wiese bleibt besonders schön, wenn Sie sie nicht so oft betreten und sie nur zweimal im Jahr – gegen Ende Juni und im Oktober – mähen. Ein Insektenkonzert im Hochsommer an einem lauen Abend ist Ihnen sicher.

Lassen Sie den Pflanzen ihren Platz, damit sie sich ungestört natürlich vermehren können.

Das Bagua und die 5 Elemente

Das Bagua und die 5 Elemente sind zwei uralte Systeme, mit denen gemeinsam die Basis für einen Feng-Shui-Garten erarbeitet werden kann. Damit können Sie Ihren Garten so gestalten, dass er Sie unterstützt und zur Lebensoptimierung beiträgt. Im Folgenden lernen Sie die Grundzüge kennen, die Sie leicht umsetzen können.

Rote Blüten haben die stärkste Kraft und machen den Garten ausdrucksvoll.

Eine genaue Anpassung Ihres Gartens an Ihre Bedürfnisse ist nur nach einem Gespräch mit einem Experten möglich. Dieser wird sich mit Ihren persönlichen Lebensthemen sowie mit den Gartenstrukturen auseinander setzen.

Weiße Blüten sind viel „leiser" als rote und beruhigen einen Garten.

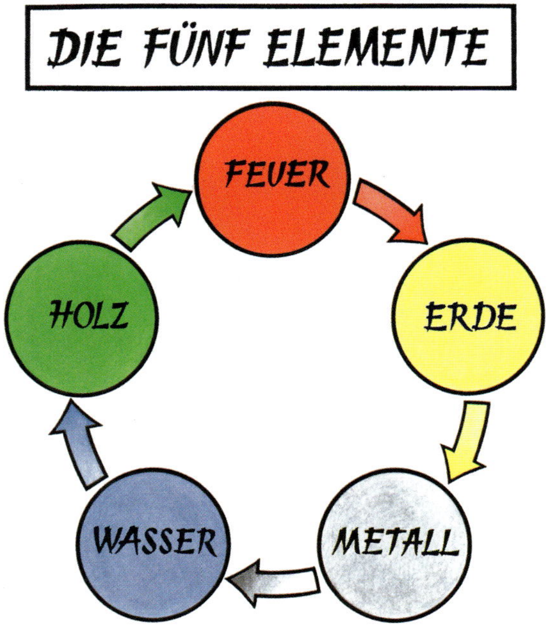

DER PRODUKTIVE ZYKLUS

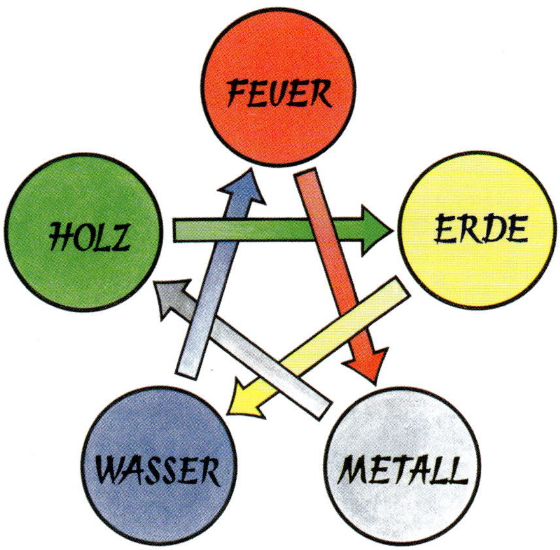

DER KONTROLLZYKLUS

DIE FÜNF ELEMENTE

Basierend auf dem Yin-Yang-Prinzip haben sich die 5 Elemente gebildet: Holz, Feuer, Erde, Metall und Wasser.
Die 5 Elemente bilden einen Zyklus, der nie aufhört. Jedes Element unterstützt das nachfolgende, kann aber auch ein anderes behindern. Es gibt nun einen *Produktiven Zyklus* und einen *Kontrollzyklus* der 5 Elemente. Beim ersten unterstützen sich die Elemente, beim zweiten behindern sie sich gegenseitig. Darüber hinaus sind die 5 Elemente in das komplexe System der Traditionellen Chinesischen Medizin (TCM) verflochten, wo Emotionen, Geschmäcker und menschliche Organpaare den 5 Elementen entsprechen.
Die 5 Elemente symbolisieren die Jahreszeiten und daraus leiten sich 5 Farbtypen, 5 Formen und Materia-

DIE ZUORDNUNGEN DER 5 ELEMENTE ZU DEN FARBEN

Element	Farbe
Holz	Grün und Hellblau
Feuer	Rot
Erde	Orange, Gelb und Brauntöne
Metall	Weiß, Grau, Metallfarben
Wasser	Blau, Schwarz

Immergrüner Bambus steht für das Element Holz und hat viel Vitalität.

lien ab. Holz steht für den Frühling und ist Grün. Feuer entspricht dem Sommer und ist der Farbe Rot zugeordnet. Erde ist der Spätsommer (Gelb-Orange und Brauntöne herrschen vor). Metall stellt den Herbst dar (Grau und Weiß) und Wasser entspricht dem Winter, der die Farben Schwarz und Blau hat.
Beim Kontrollzyklus behindern sich die Elemente gegenseitig: Holz laugt die Erde aus, Erde verunreinigt das Wasser, das wiederum das Feuer löscht. Feuer schmilzt Metall und dieses zerstört das Holz. Dieser Zyklus sollte vermieden werden.

Vom Kontrollzyklus zum Produktiven Zyklus

Sollten Sie Farben, Formen oder Materialien im Garten vorfinden, die im Kontrollzyklus stehen, so ist dies ungünstig. Bringen Sie eine dritte Komponente ein, damit sich der Produktive Zyklus einstellt.
Ein Beispiel: Sie haben ein Staudenbeet mit ausschließlich gelben und blauen Stauden. Erde kontrolliert hier das Wasser. Setzen Sie weiß blühende Pflanzen dazu. Damit sind die Elemente Erde, Metall und Wasser nebeneinander, die wiederum ein harmonisches Ganzes ergeben.
Diese Lehre ist über die Jahrtausende so verfeinert worden, dass es möglich ist, alle Gestaltungselemente eines Gartens förderlich aufeinander abzustimmen,

MATERIALIEN UND FORMEN DER 5 ELEMENTE

Element	Form	Material
Holz	Säulenform	Pflanzen, Holz
Feuer	Dreieckig und fächerförmig, spitz	Kunststoff
Erde	Rechteckig, quadratisch	Stein und Ton, Erde
Metall	Rund und kuppelförmig	Metall
Wasser	Wellenförmig, unregelmäßig	Wasser, Glas

GÜNSTIGE UND UNGÜNSTIGE FARBKOMBINATIONEN

Günstig
Gelb-Orange/Braun
Gelb-Weiß
Weiß-Dunkelblau
Schwarz-Grün
Grün-Rot
Grau-Gelb
Grün-Blau
Orange/Braun-Rot

Ungünstig
Rot-Blau
Rot-Weiß
Gelb-Blau
Orange/Braun-Blau
Weiß-Grün
Schwarz-Gelb
Schwarz-Rot
Grün-Orange oder Gelb

Segnungen Reichtum	Erleuchtung Stand Ruhm	Partnerschaft
Ahnen Familie	Tai Chi	Kreativität Kinder
Innere Ruhe Wissen	Karriere Lebensweg	Hilfreiche Menschen

weil den 5 Elementen neben Farben auch Formen und Materialien zugeordnet werden können.

DAS BAGUA

Lebensbereiche heißen im Feng Shui Baguazonen (siehe Darstellung links). Diese Zonen wurden schon vor unserer Zeitrechnung angewandt und stellen einen Spiegel der Persönlichkeit dar. Finden Sie etwa Ihren Partnerschaftsbereich im Garten unaufgeräumt vor, dann ist das ein äußeres

Nicht in jedem Bereich des Gartens hat Wasser eine belebende Funktion.

DIE BAGUAZONEN UND IHRE ENTSPRECHENDEN HIMMELSRICHTUNGEN BZW. ELEMENTE

Baguazone	Himmelsrichtung	Element
Karriere/Lebensweg	Norden	Wasser
Partnerschaft	Südwesten	Erde
Ahnen	Osten	Holz
Reichtum/Segnungen	Südosten	Holz
Hilfreiche Menschen	Nordwesten	Metall
Kinder/Kreativität	Westen	Metall
Wissen/Innere Ruhe	Nordosten	Erde
Ruhm/Spiritualität	Süden	Feuer

Zeichen, wie es in Ihrer Beziehung innen aussieht. Wie können Sie das Bagua nun persönlich anwenden? Teilen Sie auf einem Raster Ihren Garten in neun gleich große Felder. Legen Sie den Raster so über Ihren Garten, dass die Bereiche Wissen, Karriere und Hilfreiche Menschen auf der Garteneingangsseite zu liegen kommen. Somit ist in Ih-

rem Garten, vom Eingang gesehen, die Partnerschaftszone immer rechts oben.
Die Grundannahme im Feng Shui ist, dass der Garten optimalerweise Nord-Süd ausgerichtet ist. So sind die Zuordnungen zu den Himmelsrichtungen entstanden.
Wenn Ihr Garten nicht exakt Nord-Süd ausgerichtet ist und Sie das Bagua an Ihrem Eingang anlegen, kommen die Himmelsrichtungen in anderen Baguazonen zu liegen. Das macht nichts, weil Sie ersatzweise in der angegebenen Himmelsrichtung Ihren Garten verändern können. Die Himmelsrichtung hat dieselbe Entsprechung wie die Baguazone.
Ein Beispiel: Sie fühlen sich von dem Baguabereich Wissen angesprochen, da Ihr Leben in letzter Zeit viel zu schnell verläuft. Sie haben Ihre innere Ruhe verloren und wollen wieder mehr Zeit für sich selbst. Platzieren Sie vom Garteneingang aus gesehen in der linken unteren Ecke Ihres Gartens (Bereich Wissen) einen schweren Stein oder richten Sie dort einen Sitzplatz ein, der mit Steinpflaster gedeckt ist. Entfernen Sie auffällige Gegenstände aus Metall und Holz aus diesem Bereich. Vermeiden Sie Wasser im Übermaß. Pflanzen Sie zusätzlich eine rot/gelb/orange Staudengruppe. Eine Tonamphore in dieser Staudengruppe verstärkt den erdenden Charakter.
Nun zeigt der Bereich Wissen in Ihrem Garten nach Nordwesten. Wir nehmen an, dass die oben genannten Maßnahmen im Wissensbereich nicht umsetzbar sind, da dort ein sehr schattiger Bereich vorhanden ist, der den blühenden Pflanzen keine Chance gibt, und der Platz für einen Sitzbereich nicht ausreicht. In diesem Fall können Sie nun die gleichen Gestaltungsmaßnahmen zusätzlich oder ersatzweise in der Himmelsrichtung Nordosten durchführen.
Da das Bagua ein sensibles Gebilde ist, das auf einseitige Veränderungen hin zu kippen droht, sollten Sie sich immer auch den gegenüberliegenden Baguabereich ansehen und hier zumindest die hinderlichen Dinge entfernen.
Bevor Sie sich nun entscheiden, in welchen Baguabereichen Sie arbeiten möchten, sollten Sie noch ein paar Ausnahmen kennen lernen. In der Partnerschaftszone und im Baguabereich Wissen oder in den Himmelsrichtungen Südwest und Nordost sollten Sie auf Wasser verzichten, da hier die

Sonnenuhren aus Metall eignen sich für die Baguabereiche Hilfreiche Menschen und Karriere/Lebensweg.

Elemente Erde und Wasser im Konflikt sind.
Wenn Sie sprachlich viel zu tun haben und wenn Sie Ihr gesellschaftliches Ansehen stärken wollen, sollten Sie auch im Bereich Ruhm/Spiritualität und in der Himmelsrichtung Süd auf Wasser verzichten, da hier das Element Wasser das Feuer kontrolliert.
Ein Tipp noch für Ihre Wahl: Suchen Sie sich nie mehr als einen Baguabereich auf einmal aus.

Orange ist eine förderliche Farbe für die Partnerschaft.

Pflanzenstandort und -farbe

Ein Feng-Shui-Garten wird zu einem rhythmischen und pulsierenden Erlebnis, wenn Sie Pflanzen und Accessoires der entsprechenden Farben verwenden und gleichzeitig einen günstigen Standort berücksichtigen. Wo Sie in Ihrem Garten Veränderungen vornehmen, hängt davon ab, welches Thema Sie gerade interessiert.

Mit zwei rotbeerigen Heckenkirschen im Baguabereich Partnerschaft und zwei braunen Tonkugeln im Südwesten verändern Sie mit minimalem Aufwand ganz gezielt einen Gartenteil, der sich wiederum auf Ihre Partnerschaft auswirken wird. Achten Sie dabei auf das paarweise Verwenden von Gestaltungselementen dieser Baguazone und den Geschmack von Ihnen und Ihrem Partner. Feng Shui verändert mit einer entsprechenden Platzierung und Farbe etwas im Außen, um etwas in unserem Inneren zu bewegen.

Stärken Sie bei einem fehlenden Baguabereich auch den gegenüberliegenden mit der entsprechenden Farbe.

Licht kann einen unregelmäßigen Grundriss in Ihrem Garten ausgleichen.

UNREGELMÄSSIGE GRUNDRISSE

Nicht alle Gartengrundstücke haben eine regelmäßige Form. Manchmal fehlt ein Teil vom klassischen Rechteck. Fehlbereiche schwächen die Gesamtheit des Bagua. Sie können durch Accessoires wie Spiegel oder die Verstärkung der entgegengesetzten Richtung gestärkt werden. Stärken Sie auch die fehlende Baguazone in der dazugehörigen Himmelsrichtung. Ein Beispiel: Ihr Thema ist das Geld. Es rinnt Ihnen durch die Finger. Im Baguabereich Reichtum/Segnungen Ihres Gartens stellen Sie fest, dass dies der tiefste Punkt des Gartens ist und ein Teil dieser Baguazone nicht abgedeckt ist. Erweitern Sie diesen Bereich mit einem Spiegel, lassen Sie dort einen großen Stein hinlegen und pflanzen Sie Sträucher mit vielen Früchten. Aktivieren Sie die Reichtumsecke mit einem Quellstein. Zusätzlich können Sie auf die gegenüberliegende Seite zu den Hilfreichen Menschen sehen. Erfahrungsgemäß tut sich etwas mit dem Freundeskreis, wenn man zu sehr viel Geld kommt. Einige Freunde verliert man, andere kommen hinzu. Daher ist es günstig, in diesem Bereich gelb, orange und weiß blühende Stauden zu setzen. Runde Steine, vielleicht ein Steingarten, Tongefäße und ein gestimmtes(!) Metallklangspiel gleichen die starke Veränderung im Reichtumsbereich aus. Sie können nun zusätzlich in der Himmelsrichtung Südost aufräumen und zum Beispiel ein Windrad montieren, damit das Bagua wieder im Lot ist.

Sträucher mit Früchten symbolisieren Fruchtbarkeit und eignen sich gut für den Bereich Reichtum/Segnungen.

DIE BAGUAZONEN

Karriere und/oder Himmelsrichtung Nord

Wenn Sie den Job aus Unzufriedenheit oft gewechselt haben oder wenn Sie das Gefühl haben, in Ihrem Leben schon mehrere unnötige Umwege gemacht zu haben, dann ist das der Baguabereich, in dem Sie etwas in Ihrem Garten verändern sollten.

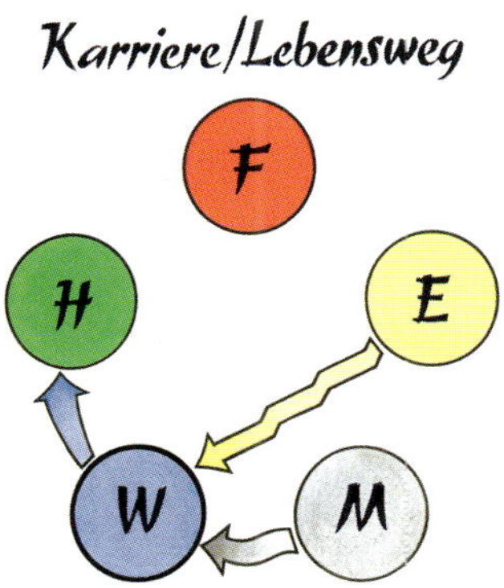

Förderlich:
Weiße und blaue Blütenfarbe, kugelig geschnittene Pflanzen (z.B. Buchs), Wasser in Form eines Teiches oder eines Bachlaufes mit einem Quellstein, ein Zierbrunnen, eine Vogeltränke und Wasser speiende Figuren, ein Rosenbogen aus Metall, mehrere Rosenkugeln in den Farben Gold, Blau oder Gelb-Orange, Kunstskulpturen und Sonnenstand-Uhren aus Metall, ein Klangspiel.

Hinderlich:
Gelbe und orange Blütenfarbe, Tontöpfe im Übermaß, Steine und offenes Erdreich, schnell wachsende Pflanzen. Tontöpfe sind der Erde zugeordnet und daher im Bereich Karriere ungünstig, da Erde das Wasser verunreinigt.

Stärken Sie auch den gegenüberliegenden Baguabereich Ruhm und die Himmelsrichtung Norden. Gestaltende Maßnahmen im Bereich Ruhm wirken sich auch auf Karriere/Lebensweg aus.

Partnerschaft und/oder Himmelsrichtung Südwest

Sie sind Single und schon lange auf Partnersuche? Sie wollen in Ihre bestehende

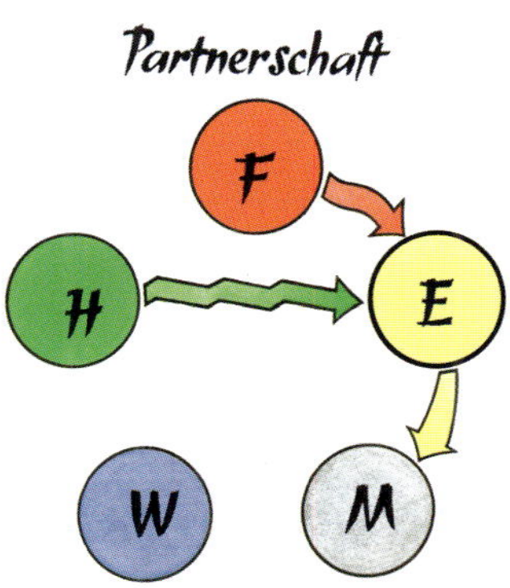

Mit einem Vogelhäuschen bringen Sie Leben in den Baguabereich Reichtum/Segnungen.

Partnerschaft neuen Schwung bringen? Die Zusammenarbeit mit Ihrem Geschäftspartner benötigt eine neue Perspektive? All dies deutet auf eine nötige Veränderung im Baguabereich Partnerschaft hin.

Förderlich:
Rote, gelbe und orange Blütenfarbe, rot fruchtende Sträucher (Heckenkirsche, Hartriegel), Frucht tragende Bäume und Sträucher (Obst), die Feuerstelle (Grill), eine Sitzgelegenheit mit Steinpflasterung, Partnersymbole in Form von jeweils zwei Pflanzen, zwei Keramikskulpturen, zwei Steinen oder zwei Lichtern, am besten in Kombination mit den obigen Farben in Form von blühenden Stauden.

Hinderlich:
Schnell wachsende Kletterer, eine dominante immergrüne Einzelpflanze, auffällige Metall- und Holzgegenstände, Rosenkugeln, desolate Gegenstände und unaufgeräumte Bereiche, kugelig geschnittene Pflanzen, Wasser in großen Mengen.

Stärken Sie auch den gegenüberliegenden Baguabereich Wissen und die Himmelsrichtung Südwesten. Gestaltende Maßnahmen im Bereich Partnerschaft wirken sich auch auf Wissen/Innere Ruhe aus.

Ahnen und/oder Himmelsrichtung Ost

Wenn Sie noch nicht herausgefunden haben, was für Menschen Ihre Großeltern waren oder wie die Geschichte Ihrer Vorfahren aussieht, dann können das Gründe dafür sein, dass Ihr Leben nicht so leicht vorwärts geht, wie Sie sich das wünschen. Oder ist vielleicht das Verhältnis zu Ihren Eltern oder Schwiegereltern eher kühl und distanziert? All das können Gründe sein, um in diesen Baguabereich im Garten Klarheit zu bringen.

Förderlich:
Immergrüne Pflanzen und blaue Staudenbeete. Ein Gartenteich, ein Holzklangspiel, Licht im Garten, ein Rankgerüst aus Holz.

Hinderlich:
Desolate Gartenmöbel der vorigen Generation, Son-

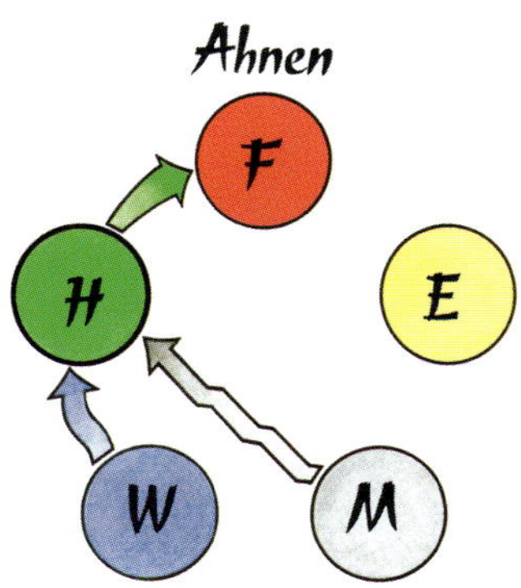

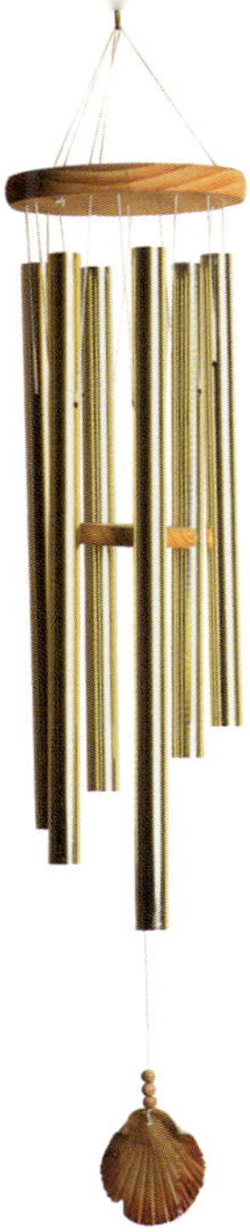

So förderlich ein Metallklangspiel im Bereich Kinder/Kreativität wirken kann, so unpassend ist es im Bereich Ahnen.

nensymbole, sehr viele rote und weiße Blütenaspekte sowie rote und weiße Beerensträucher, Gegenstände aus Metall, Rosenkugeln.

Stärken Sie auch den gegenüberliegenden Baguabereich Kinder und die Himmelsrichtung Osten. Gestaltende Maßnahmen im Bereich Ahnen wirken sich auch auf Kinder/Kreativität aus.

Reichtum/Segnungen und/oder Himmelsrichtung Südost

Wie stehen Sie zu Geld und wie gehen Sie damit um? Bleibt es bei Ihnen oder meinen Sie, es sei etwas Schlechtes, viel Geld zu haben? Versuchen Sie einmal, den Reichtumsbereich nach den folgenden Vorschlägen zu verändern.

Förderlich:
Blaue Blütenfarbe, nach oben strebende Pflanzen (z.B. Bambus und Gräser), fließendes Wasser, ein Vogelhäuschen, ein Zierbrunnen, eine Vogeltränke und Wasser speiende Figuren. Frucht tragende vitale Sträucher (z.B. Haselnuss, Quitte), Licht im Garten, Gartenmöbel aus Holz, ein Windrad, ein Holzklangspiel.

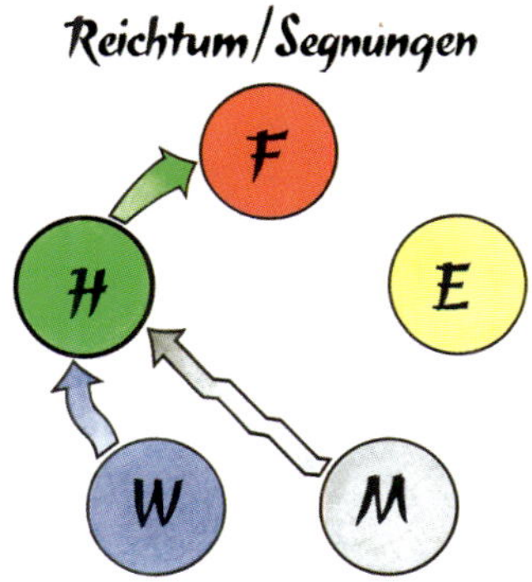

Hinderlich:
Kugelig geschnittene Pflanzen, weiße und rote Blütenfarbe im Übermaß, Metallgegenstände, eine Sonnenuhr, Sonnensymbole, eine Kräuterspirale.

Stärken Sie auch den gegenüberliegenden Baguabereich Hilfreiche Menschen und die Himmelsrichtung Südosten.
Gestaltende Maßnahmen im Bereich Reichtum/Segnungen wirken sich auch auf Hilfreiche Menschen aus.

Jede Art der Paarsymbolik im Bereich Partnerschaft wirkt sich außerordentlich günstig auf die Beziehung aus.

Hilfreiche Menschen

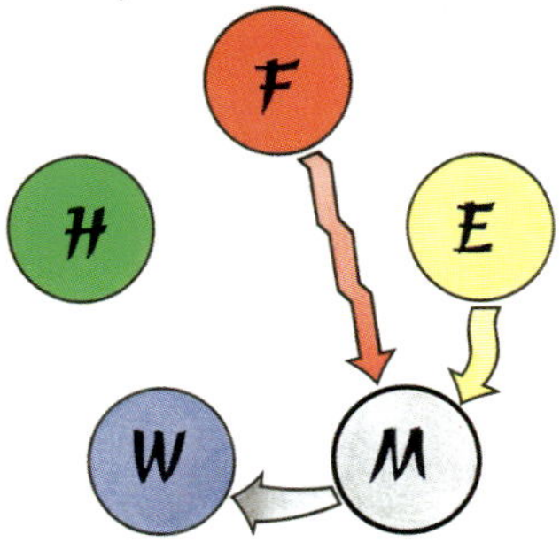

Hilfreiche Menschen und/oder Himmelsrichtung Nordwest

Wie viel echte Freunde gibt es in Ihrem Leben? Wenn Sie diesen Lebensbereich verstärken wollen, dann beachten Sie die folgenden Tipps für Ihren Garten im Bereich Hilfreiche Menschen.

Förderlich:
Gelbe, orange und weiße Blütenfarbe, Pflanzen oder Gegenstände, die Sie von Freunden geschenkt bekommen haben, Polsterpflanzen, runde Steine, Steingarten, Tongefäße und -skulpturen, Metallgegenstände, z. B. ein Metallklangspiel, ein runder Tisch mit Sitzgelegenheit.

Hinderlich:
Sonnensymbole, Sonnenuhr, Gartenteich, Quellstein und fließendes Wasser, zuviel der Farbe Rot.

Stärken Sie auch den gegenüberliegenden Baguabereich Reichtum und die Himmelsrichtung Nordwest.

Gestaltende Maßnahmen im Bereich Hilfreiche Menschen wirken sich auch auf Reichtum/Segnungen aus.

Kinder/Kreativität und/oder Himmelsrichtung West

Können Sie sich Ihren Ideen und Visionen hingeben? Wollen Sie die Beziehung zu Ihren Kindern ins Gleichgewicht bringen? Dann nehmen Sie sich einmal den Kinder/Kreativitätsbereich in Ihrem Garten vor.

Förderlich:
Kinderspielgeräte, gelbe, orange und weiße Blütenfarbe, duftende Pflanzen, der Gemüsegarten, Kunstobjekte. Kreatives Chaos im Garten ist hier erlaubt. Kompost, wenn fruchtbare Erde entsteht.

Hinderlich:
Rote Farbe bei allen Gegenständen und Pflanzen in

Lassen Sie Ihre Seele baumeln, indem Sie eine Hängematte zu den Hilfreichen Menschen stellen.

Kinder/Kreativität

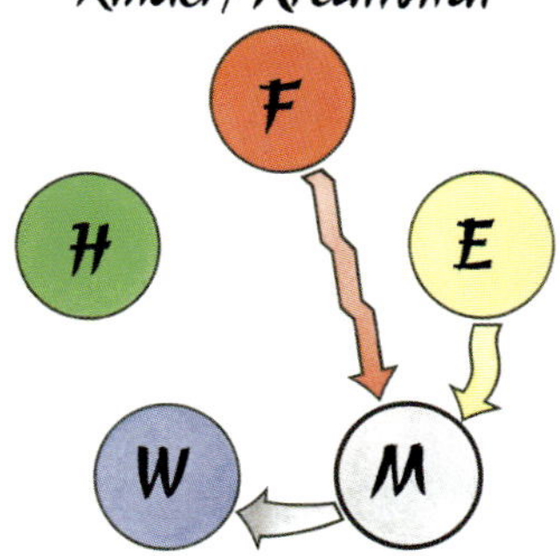

diesem Bereich, stark fließendes Wasser, übermäßig blaue Farbe.

Stärken Sie auch den gegenüberliegenden Baguabereich Ahnen und die Himmelsrichtung Westen. Gestaltende Maßnahmen im Bereich Kinder/Kreativität wirken sich auch auf Ahnen aus.

Der Kinder/Kreativitätsbereich wird immer gern von Kindern angenommen.

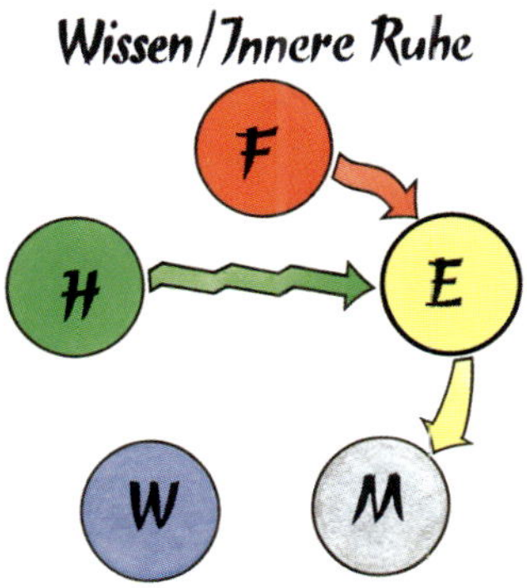

Wissen/Innere Ruhe und/oder Himmelsrichtung Nordost

Fehlt Ihnen die innere Ruhe im Leben? Sie haben keine Zeit für dies und das im Leben und wollen es später machen – vielleicht bei Ihrer Pensionierung? Dann ist dieser Baguabereich jener, den Sie umgestalten sollten.

Förderlich:
Rote, gelbe und orange Blütenfarbe, schwere Steine, ein Ruheplatz und Sitzbereich im Garten, Tonamphoren und -kugeln, Skulpturen, die zum Nachdenken anregen, Pflanzen mit roten Früchten (z.B. Vogelbeere), Kompost, wenn fruchtbare Erde entsteht.

Hinderlich:
Wasser in großen Mengen, ein Holzlager, auffällige Gegenstände aus Metall und Holz, kugelig geschnittene Pflanzen.

Stärken Sie auch den gegenüberliegenden Baguabereich Partnerschaft und die Himmelsrichtung Nordost. Gestaltende Maßnahmen im Bereich Wissen/Innere Ruhe wirken sich auch auf Partnerschaft aus.

Ein Eldorado für alle Junggebliebenen, das Baumhaus im Bereich Kinder/Kreativität

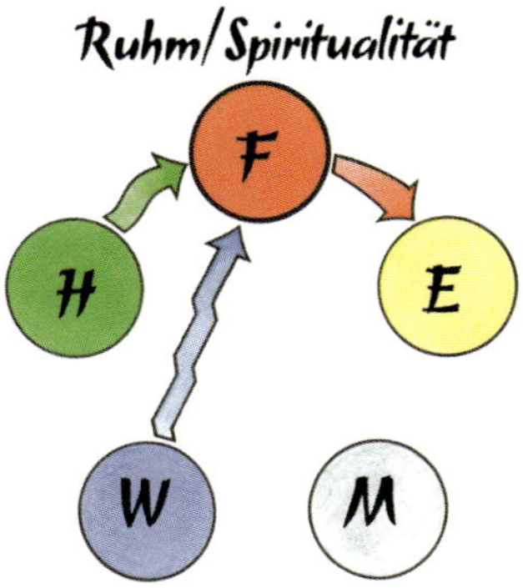

Ruhm/Spiritualität und/oder Himmelsrichtung Süd
Ihr gesellschaftliches Ansehen ist nicht so, wie Sie sich das vorstellen? Sie wissen nicht so recht, was Sie mit Ihrem Glauben mit oder ohne Kirche anfangen sollen? Um in diesen beiden Themenbereichen Klarheit zu erhalten, ist es vorteilhaft, wenn Sie den Baguabereich Ruhm/Spiritualität nach folgenden Kriterien verändern.

Förderlich:
Rote Blütenfarbe, Pflanzen mit roten Früchten (Hartriegel), allgemein stark blühende Pflanzen, eine Kräuterspirale, Sonnensymbole, eine Sonnenuhr, nach oben strebende Pflanzen (Bambus und Kletterpflanzen), ein Windrad, die Feuerstelle im Garten, spirituelle Symbole (Faun, Feengesicht an einer Wand), charismatische Bäume.

Hinderlich:
Wasser in jeder Form, Wassersymbole oder Fische, blaue, gelbe und orange Blütenfarbe, Gegenstände aus Ton.

Stärken Sie auch den gegenüberliegenden Baguabereich Karriere und die Himmelsrichtung Süden. Gestaltende Maßnahmen im Bereich Ruhm/Spiritualität wirken sich auch auf Karriere/Lebensweg aus.

Sitzbereiche können Sie dort einrichten, wo Sie Lebensbereiche entschleunigen möchten.

Weiterführende Literatur:

Feng Shui – Harmonie im Garten.
Garten-Feng-Shui praktisch und leicht verständlich.
Orte der Kraft selbst gestalten.
Franckh-Kosmos Verlag, Stuttgart 2000
ISBN 3-440-08247-4

Für freundliche Überlassung der Fotos auf den Seiten 19 und 20 danken wir der Firma
H&G
Die Haus & Garten Galerie
Sinninger Straße 44
48282 Emsdetten
Tel. 02572/952724, Fax 98288
www.hug-galerie.com

Register

Halbfette Seitenzahlen verweisen auf Abbildungen.

Haben Sie Interesse an einer Feng-Shui-Beraterausbildung oder an einer Beratung im Bereich Firma, Haus oder Garten? Dann kontaktieren Sie mich bitte.

Feng Shui Institut
Sutrich & Pap
A–3062 Kirchstetten
Paltram 9
Tel./Fax +43/2743/8174
E-Mail: robert.pap@atos.at
www.lebensraumoptimierung.com

Mit 44 Farbfotos von
Katharina Adams, Linnich-Hottorf: 5 (oben rechts), 15 (oben rechts), 17, 21; Ursel Borstell, Essen: 2 (oben), 4, 9 (unten rechts), 25 (unten links), 26 (unten links); Christa Brand, Ismaning: 1 (rechts), 3, 10 (unten links), 14; H&G Die Haus und Garten Galerie, Emsdetten: 19, 20; Robert Pap, Kirchstetten, Österreich: 12 (unten links), 29; Manfred Pforr, Langenpreising: 7 (oben links), 9 (unten links), 13 (oben links); Wolfgang Redeleit, Bienenbüttel: 1 (links und Mitte), 2 (unten), 9 (oben rechts), 11 (oben rechts), 24 (oben links), 25 (oben links), 27 (oben und unten rechts), 28 (unten); Hans Reinhard, Heiligkreuzsteinach: 7 (unten rechts), 8, 10 (oben rechts), 11 (unten rechts), 12 (unten rechts), 13 (unten rechts), 15 (unten), 18 (unten links), 22 (unten links), 23 (oben); Manfred Ruckszio, Taunusstein: 5 (unten rechts), 6 (oben links), 12 (oben links); Alice Thinschmidt, Wien: 6 (unten rechts).

Mit 49 Illustrationen (teilweise mehrfach dupliziert) von
Ruth Fritzsche, Parthenstein bei Grimma: alle bis Seite 28; Wolfgang Lang, Grafenau: alle ab Seite 33.

Umschlaggestaltung von Friedhelm Steinen-Broo, eStudio Calamar, Spanien, unter Verwendung eines Farbfotos von Wolfgang Redeleit, Bienenbüttel.

Die Deutsche Bibliothek – CIP Einheitsaufnahme
Ein Titelsatz für diese Publikation ist bei
Der Deutschen Bibliothek erhältlich.

Mit 44 Farbfotos und 48 Farbillustrationen.
Gedruckt auf chlorfrei gebleichtem Papier.

ISBN : 3-440-08812-X
Lektorat: Angelika Throll-Keller, Markus Wittenzeller, Annegret Kuhn
Grundlayout: Atelier Reichert, Stuttgart
Produktion: Markus Schärtlein, Heiderose Stetter
Satz und Reproduktion: Typomedia GmbH, Ostfildern

Printed in Italy / Imprimé en Italie
Druck und Bindung: Printer Trento s.r.l., Trento

Alle Angaben in diesem Buch sind sorgfältig geprüft und geben den neuesten Wissensstand bei der Veröffentlichung wieder. Da sich das Wissen aber laufend weiterentwickelt und vergrößert, muss jeder Anwender prüfen, ob die Angaben nicht durch neuere Erkenntnisse überholt sind. Dazu muss er zum Beispiel Gebrauchsanweisungen und Gesetze beachten.

Die Ausschneidebögen

Auf den letzten acht Seiten ist eine Auswahl von Pflanzen und Accessoires für Ihre Feng-Shui-Gartengestaltung zusammengestellt.

1. Die Garten-Grundfläche zeichnen
Erstellen Sie zuerst auf Millimeterpapier oder Rechenkästchenpapier einen Grundflächenplan Ihres Gartens im Maßstab 1 : 50 (d.h. 2 cm auf dem Plan entsprechen 1 m in Natur). Denken Sie auch an die feststehenden Rahmenbedingungen Ihrer Gartengestaltung, wie Hauswände mit Türen und Fenstern, Gartentor, Terrasse, Hänge und Stufen, und zeichnen Sie zur Markierung der Himmelsrichtung einen nach Norden zeigenden Pfeil ein.

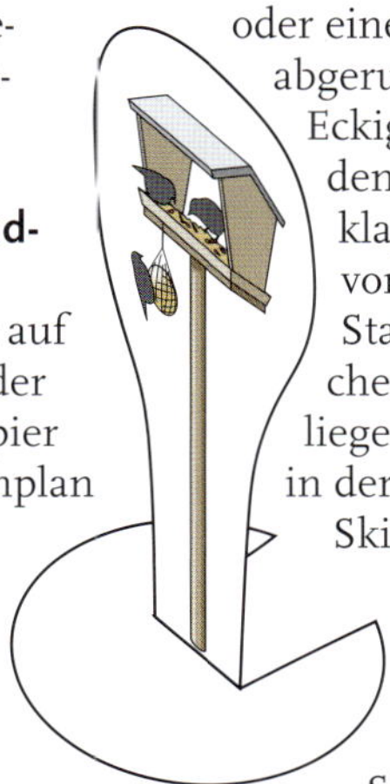

2. Elemente ausschneiden
Schneiden Sie nun die gewünschten Pflanzen und Accessoires aus, und zwar knapp innerhalb der grauen Konturen.
Bei den Standfüßen bedeutet
----- aus- bzw. einschneiden
—— hier falten
Achtung! Vor dem Falten unbedingt vorkerben, am besten mit einer Stricknadel oder einer Sticknadel mit abgerundeter Spitze.
Eckige Standfüße werden nach hinten geklappt, runde nach vorn, wobei dann die Stabilisierungszähnchen nach hinten zu liegen kommen, wie es in der nebenstehenden Skizze zu sehen ist.
Falzen Sie einmal kräftig in die gewünschte Richtung und stellen Sie das Element dann auf.

3. Den Garten in Papier gestalten
Jetzt kommt der eigentliche kreative Teil. Überlegen Sie sich zuerst, welche Zonen Sie in welchem Bereich Ihres Gartens einrichten möchten, indem Sie sich am Eingang oder an der Himmelsrichtung orientieren, wie es auf den Seiten 18 und 19 beschrieben ist. Die passenden Zonen und Himmelsrichtungen sind bei den einzelnen Pflanzenelementen jeweils auf der Rückseite vermerkt, für die teils sehr kleinen Accessoires sind sie auf der Folgeseite aufgelistet. Innerhalb dieses Rahmens können Sie nun die Elemente frei herumschieben und immer wieder neu anordnen, bis Sie zu einem harmonischen Ganzen kommen.
Die Hecken und die Staudenbeete können Sie selbstverständlich nach Bedarf kürzen und teilen.
Noch eine Anmerkung: In Ihrem papierenen Feng-Shui-Garten stehen alle Sträucher und Stauden gleichzeitig in voller Blüte, was natürlich nicht der Wirklichkeit entspricht. Die Blütenfarbe ist aber für die Gestaltung eine so wichtige Information, dass diese kleine Abweichung von der Realität in Kauf genommen werden muss.

TIPP
Um die Standfestigkeit der Elemente zu erhöhen, können Sie eine Münze auf den Standfuß legen oder mit Klebefilm unter den Standfuß kleben. Elemente, die ihren voraussichtlichen Platz gefunden haben, können Sie mit einem abgeschnittenen Haftnotizen-Klebestreifen fixieren, aber mit etwas Vorsicht auch problemlos wieder lösen.

ACCESSOIRES – ZONEN/HIMMELSRICHTUNGEN UND GARTENBEREICHE (ALPHABETISCH)

Brunnen
Vorgarten, Karriere/Lebensweg, Reichtum/Segnungen
N, SO

Holzbank
Hilfreiche Menschen, Partnerschaft
NW, SW

Kinderspielgerät
Kinder/Kreativität
W

Klangspiel
Hilfreiche Menschen und Kinder/Kreativität
NW, W
(Dieses Element mit einem kleinen Stück Klebefilm vorsichtig an einen Strauch heften)

Kompost
Bringt er fruchtbare Erde hervor, darf er überall im Garten stehen.
Eingeschränkt in den Bereichen Partnerschaft und Reichtum/Segnungen

Kräuterspirale
Ruhm und sonnige Hausmauer
S

Kunst im Garten
Alle Bereiche, im Besonderen Kinder/Kreativität, Ruhm/Spiritualität
W, S

Licht
Bei Fehlbereich im Grundstück, Ruhm/Spiritualität
S

Liegender Stein
Partnerschaft, Wissen/Innere Ruhe und hinterer Bereich des Gartens (Lehne) sowie im Zentrum
SW, NO

Liegestühle
Wissen/Innere Ruhe, Partnerschaft, Hilfreiche Menschen
NO, SW, NW

Rankgitter
Zum Begrünen einer kahlen Hauswand
W, SW, N

Raumteiler
Abteilen von Kompost oder gemütlicher Sitzecke

Rosenbogen
Für den Eingangsbereich und zur Bereichstrennung

Rosenkugeln
Hilfreiche Menschen, Karriere/Lebensweg
NW, N

Steinlicht
Ahnen, Wissen/Innere Ruhe und Partnerschaft
O, NO, SW

Teich
Karriere/Lebensweg, Ahnen, Reichtum/Segnungen
N, O, SO

Tonamphoren
Zweiersymbolik für Zone Partnerschaft, Eingangsbereich und Wissen/Innere Ruhe
SW, NO

Tonkugeln
Wissen/Innere Ruhe, Partnerschaft
NO, SW

Vogelhäuschen
Bei Fehlbereich des Hauses, Reichtum/Segnungen
SO

Windrad
Reichtum/Segnungen, Kinder/Kreativität
SO, W